AF137458

Quand les poules auront des dents

Quand les poules auront des dents

Margaux Cabrol

Réflexion

© 2023 Margaux Cabrol

Édition : BoD – Books on Demand, info@bod.fr
Impression : BoD – Books on Demand, In de Tarpen 42,
Norderstedt (Allemagne)

Impression à la demande

Graphisme : Margaux Cabrol

ISBN : 978-2-3222-3441-7
Dépôt légal : Avril 2023

Je rêvais d'un autre monde

Où la terre serait ronde

Où la lune serait blonde

Et la vie serait féconde

- Téléphone, *Un autre monde*

Pour Ana

Note d'intention

Le travail artistique que je souhaite vous présenter tourne autour de la Cinquième Dimension. Pour cela, j'ai repris les diverses thèses de physiciens qui montrent que nous vivons dans un univers de plusieurs dimensions spatio-temporelles. La Cinquième Dimension serait invisible à l'œil nu mais contient des connaissances cosmiques vastes au sujet de la vérité de la création et des lois universelles. Les énergies de la Cinquième Dimension nous montrent ce qui doit être libéré pour renouer avec la lumière. Ces énergies sont accessibles à tout le monde en quête d'un éveil spirituel.

D'après les chercheurs, la Terre serait entrée dans une cinquième dimension depuis le confinement. Nous avons pris conscience de la nature, des problèmes climatiques et de leur environnement. Nous avons appris à gérer nos besoins naturels, à se satisfaire autrement, à communiquer et aimer d'une toute autre manière. La crise du Covid-19 a changé le mode de vie de beaucoup de personnes ainsi que leurs valeurs.

A cette époque, nous espérions tous continuer vers un monde plus sain et bienveillant mais ça n'a pas toujours été le cas avec le retour de nos habitudes quotidiennes. Je fais partie de cette *espérance* et de cette envie mondiale de voir un nouveau monde émergé. J'ai travaillé sur différentes thèses de sociologues qui revoyaient notre façon de consommer, d'aimer, d'entreprendre des relations avec les autres et l'environnement. Je cherche à montrer - d'une façon utopique ou dystopique - comment serait notre vie si nous avions laissé la nature libre et abondante et nous avions fait le choix d'une vie pacifique. Mon travail invite le spectateur à réfléchir sur les dégâts du capitalisme aussi bien sur la Terre que sur nos fonctionnements en société.

Il existe plusieurs niveaux de fréquence dans lesquels nous vivons. Dans la troisième et la quatrième dimension, nous sommes habitués à vivre dans la peur, à croire que nous sommes nos pensées. Les Hommes se séparent, se combattent entre eux, s'attaquent.. Nous n'écoutons plus, nous pensons qu'il y a qu'une manière de vivre, qu'une façon de pensée, qu'un système unique avec lequel nous devons nous coordonner. Nous sommes remplis de peurs et pour la cacher, nous essayons d'avoir le contrôle. Alors, on contrôle et domine les autres. La jalousie, la haine, la colère sont des humeurs qui nous gouvernent et empiètent sur l' énergie que nous développons.

La quatrième dimension a été accompagnée par la crise du Covid 19. Cette dimension nous a fait ouvrir les yeux sur ce qui était essentiel à notre cœur et à notre âme. Il y a eu des exemples d'unité dans le monde afin de traverser la crise. Mais la cinquième dimension est une promesse d'amour et de lumière. Celle qui dépasse la peur, la haine, la colère.

"Les énergies de la 5e dimension montrent ce qui doit être fluidifié, allégé ou libéré pour renouer pleinement avec la lumière. Ces énergies de la 5e dimension sont bien évidemment accessibles à tout le monde, c'est-à-dire aussi bien aux personnes engagées dans une quête spirituelle et d'éveil intérieur qu'à celles qui le sont moins." - Modité, *aux portes du temps*.

Mes collages de *La 5e dimension ou l'Utopie* posent ce genre de questionnements suivants : Comment nous débarrasser des doctrines dont nous sommes dépendants ? Comment mettre en avant notre instinct animal, nos sens, notre sensibilité ? Comment peut-on se sentir ancré dans le monde réel dans lequel nous vivons ? Comment transformer notre conscience et la transmettre pour les générations futures ?

Je pense qu'il existe une intelligence éclairée et une compassion en chacun de nous qui peut être utilisée pour protéger et transformer. Il nous suffit d'être réceptifs à la nature, à cet autre monde, à notre sensibilité.

Personnellement, je ne cherche pas à offrir un regard neuf ou écrire un énième livre de développement personnel parce que je ne me trouve ni légitime ni responsable de vos pensées. Ce qui m'intéresse, ce sont les vraies choses.. Je ne me suis jamais intéressée aux réponses toutes faites, aux conseils que l'on nous donne sans vraiment nous expliquer le pourquoi.

Enfant, il me suffisait de fermer les yeux pour revoir les paysages traversés et les discussions que j'avais eu. Je me suis toujours posé une foule de questions sur toutes sortes de sujets et pourtant les cours de primaire à l'université m'ont toujours paru assommants. Il y a des jours où je trouvais cela difficile d'assister à certains cours parce qu'ils ne répondaient jamais à mes questions existentielles. Plus je grandissais et plus mon regard portait une attention infinie à tout ce qui m'entourait. Si quelqu'un apportait une chose sur la table, je ne me laissais pas le scruter. Il suffisait que je ramasse quelque chose comme un petit cailloux ou une plume et je l'examine longuement. Je pouvais passer une bonne partie de mes soirées à observer la lune et les étoiles. L'art est arrivé très tôt dans mon existence et les tableaux tournaient interminablement dans mon mental, si bien que je finissais par connaître chacune de ses facettes.

Ici, à travers mon travail plastique et de poétesse, je mélange magie et réel. Je défend les droits des non alignés, je prend part et donne ma voix pour la liberté de toutes les sexualités tout en m'assurant que chacunes soient faites dans la sécurité et la bienveillance.

Je m'engage pour défendre la différence, la liberté et l'amour. J'essaye de développer l'archétype de la femme sacrée pour réveiller la conscicence, les origines du monde et le commencement.

Je suis persuadée que chaque personne naît belle mais que la vie peut nous rendre ignoble si l'on ne choisit pas un jour ou l'autre de nous guérir. Il est important parfois d'aller aux sources, de reprendre des rituels. De toujours croire en l'impossible au fond de nous.

Je suis simplement cette jeune femme parfois enfant et insouciante, parlant si vite qu'elle en oublie de respirer, sursautant au moindre bruit, boulversée par des tas d'émotions. D'autre fois, grave, rêveuse, traînant de la mélancolie. Vivant toujours au bord d'un monde imaginaire telle Alice de Lewis Caroll. Changeante comme la lune. En sortant mon premier livre, j'ai reçu beaucoup d'amour. Merci à ceux qui partagent mes travaux, me soutiennent et s'élèvent. Merci à ceux qui sont toujours derrière moi malgré les années et à ceux qui n'ont été que des passagers.

L'esprit de mon travail est là en vous, dans ce que chaque rencontre m'apporte. Je suis peut-être qu'une rêveuse mais il faut savoir l'être parfois. Il faut savoir exprimer de la gratitude, se dire merci. Merci.

J'aimerai qu'à la suite de ce livre, vous puissiez vous dire merci et prendre soin de vous et de la Terre. Que vous puissiez vous pardonner et avoir un lien bienveillant avec l'extérieur.

Dans les temps qu'on vit actuellement, il est indispensable de se retourner à la nature, à soi, à des choses plus simples et enfin vers l'humanité.

J'écris ce livre aux autres, à nous, à soi

CHAPITRE 1

Être un soleil

La joie n'est pas quelque chose que l'on obtient mais plutôt un état d'esprit. Un état de nature. Être dans la joie est la mission de tous les êtres humains mais je pense que c'est aussi notre responsabilité commune. La joie se répand comme la lumière dans le monde. Être un soleil est ce que je souhaite développer dans tout ce livre parce que c'est notre mission fondamentale. Et nous n'attendrons pas que les poules aient des dents.

Tout ce qu'on réalise dans la vie devrait avoir pour unique but d'être heureux. La joie fait partie de notre nature originelle même si nous l'oublions trop souvent en grandissant. Tout ce qui peut nous rendre heureux est déjà en nous et il suffit d'aller le chercher. Nous pouvons être heureux grâce à des expériences extérieures mais il faut comprendre que la source de la joie est en nous. Personne ne peut vous voler ou être responsable de votre bonheur. Le gardien de votre soleil, c'est vous.

Nous ne sommes pas notre mental. Les pensées et les émotions qui constituent notre mental sont la source d'une influence extérieure. Tout le monde peut nous mettre des choses en tête mais nous avons cette possibilité de trier nos pensées bonnes ou mauvaises. Nous pouvons comprendre ce qui est vraiment essentiel dans notre existence. Le mental est comme une personne qui bavarde trop mais nous avons cette belle possibilité de ne pas l'écouter.

L'erreur que l'on fait est de chercher ailleurs le bonheur. A cause de cette recherche, nous menaçons la Terre et d'autres espèces vivantes. Nous avons détruit des lieux de biodiversité pour construire des immeubles, des hôtels ou des parcs d'attraction juste pour satisfaire notre désir du bonheur. Nous avons bétonné plus de la moitié des pays car il fallait que le bonheur soit accessible. Nous avons consommer d'autres êtres vivants sous prétexte que les manger nous rend heureux. Nous continuons d'exploiter d'autres humains simplement pour avoir des vêtements moins coûteux dans notre armoire et collectionner notre pseudo joie. Sommes-nous, pour autant, plus heureux?

On s'en fiche du nombre de vêtements que vous accumulez, du nombre de j'aime sous vos photos Instagram ou de tous les diplômes que vous avez eu. Certes ces choses vont rendre la vie plus confortable mais la qualité d'une vie ne se détermine pas à cela. La qualité de la vie dépend de l'intensité avec laquelle vous vivez. Un homme fortuné n'est pas forcément plus heureux qu'un marginal. Alors prenons le choix de vivre fortement et pleinement.

J'ai compris que pour recevoir du bonheur, il fallait que l'exprime. Dès que vous passez une minute à donner un sourire, à rire ou à parler avec autrui dans la joie, vous lui montrer le chemin vers son propre bonheur. Cette idée peut être utopiste mais j'ai fait l'expérience et elle fonctionne. Quand j'étais à l'université, j'avais choisi le mardi comme jour afin d'aller complimenter les gens et exprimer mon bonheur. Choisir un jour ne sert à rien en particulier mais ça marque une trace dans notre emploi du temps. À la cantine ou à la bibliothèque, je regardais les autres et je trouvais toujours une chose que j'appréciais chez eux. Quand elle passait à côté de moi, je félicitais cette fille pour ses nouvelles chaussures par exemple. Je souriais à une personne. J'ai compris qu'en faisant cela, j'étais de meilleure humeur. Je ne demande pas aux gens d'être hypocrites pour paraître gentils mais nous avons tous le pouvoir de voir la beauté dans toute chose. Notre cerveau sait s'arrêter où il trouve de l'importance. Après bien sûr, qu'en faisant cela, vous allez déranger des gens. Ceux qui sont dans la rancune, la colère ou ceux qui ne sont pas capables de s'exprimer comme vous. Ils vont vous rigoler au nez, penser que vous en faites toujours "trop" ou que cela ne mène à rien. Aussi, vous pouvez influencer des personnes à faire comme vous mais pas sans qu'elles soient dans le vrai partage et la bienveillance. Ceux qui vont complimenter pour être aimé, ceux qui font le bien pour qu'on s'occupe d'eux ou qu'on leur apporte de l'attention. Ceux qui ont besoin d'approbations et qui ne savent pas donner sans attendre en retour. Ces gens-là risquent de tellement vivre sous les rayons de votre soleil, qu'ils vont oublier qui ils sont. Ils vont vivre par rapport à votre lumière qui ne cessera jamais de s'éteindre parce que vous la ferez grandir chaque jour. Alors, ils se fâchent parce qu'eux ne savent pas alimenter leur flamme avec la bonne essence. Ils diront que c'est de votre faute, vous aurez été trop dominant, trop solaire, vous aurez pris trop de place. Ils diront que c'est votre lumière qui les aura empêchés de vibrer. Qu'ils sont aveuglés. Mais il y a de la place pour tout le monde. Ce ne sera pas votre problème s'ils n'y arrivent pas. Ils auront sans doute passer trop de temps à vous imiter, à être en colère ou à jalouser le monde entier dans l'attente d'être à leur tour un soleil. Au lieu de prêter attention à des absurdités, il faut détourner le regard vers la beauté. Nous devons attirer notre attention vers la direction que nous considérons comme importante, sans imitation, en étant nous même dans notre propre bonheur.

Nous devons expérimenter le bonheur dans notre vie quotidienne. Personne ne dira de vous que vous avez apporté de la joie tout au long de votre vie si vous vous concentrez au bonheur qu'à la fin de celle- ci. Il n'y a pas forcément besoin d'avoir quelqu'un à vos côtés pour sourire. Chaque journée est un grand jour pour nous tous. Il est difficile de pratiquer chaque jour mais essayons quand même de nous en souvenir. Le fait d'être en vie chaque matin quand d'autres ne se réveilleront plus est une bénédiction.

Cette expérience, je l'ai vécu quand ma grand-mère est décédée. Un matin, je me suis réveillée et elle n'était plus là. Elle n'avait pas eu cette chance comme moi. Les trois autres matin non plus puisqu'elle avait fini ses jours dans le coma. Je me suis souvenue que je n'avais pas assez souri à ma grand-mère, je n'avais pas toujours partagé que des moments de joie avec elle. Je veux essayer, à présent, de regarder chaque personne avec amour dans toutes les limites de mon possible. Le fait que chaque matin, tous mes êtres chers se réveillent à mes côtés est pour moi un miracle de la vie. Ils sont là, en vie. Je suis en vie alors qu'est ce que je demande de plus ?

Cependant, il faut être réaliste. Tout le monde n'a pas cette possibilité de jouir du même bonheur que vous. Que vous soyez sensible ou insensible, tout le monde doit prendre en compte cela. Tout perdre du jour au lendemain n'est pas rare de nos jours, c'est quelque chose qui peut nous arriver à tous. Il n'y a pas de grands ou petits problèmes, nous vivons tous des situations inconfortables selon notre expérience et notre vécu. Une personne qui n'a pas de nourriture et qui est dans le besoin, par exemple, doit être aidée en premier vers le bonheur et une vie plus digne. Le bonheur dépend de ce que nous sommes et de ce que nous endurons en ce moment même. C'est pour cette raison qu'il m'est compliqué d'entendre de nombreuses personnes se plaindre sans arrêt de leur existence quand ils ont le privilège d'avoir la santé physique et mentale, un salaire, un toit sur la tête et un entourage.

Dans notre société capitaliste, les gens ne sont pas malheureux parce qu'ils n'ont pas telle ou telle choses, ils sont tristes parce qu'ils passent leur vie à se comparer constamment aux autres.

Dans ce livre, je me sers d'études et de réflexions pour donner des clés afin que l'on arrête d'être dépendant de l'extérieur. Il est temps que l'on se tourne vers notre bien être personnel et pour ce fait que l'on se sente plus responsable de notre vie. Être responsable, c'est arrêter d'attendre des autres. Le monde extérieur ne sera jamais complètement comme nous le désirons, par contre nous pouvons l'être envers nous même. Nous pouvons réussir à être ce que nous souhaitons et cette réussite aura un impact sur la vision que nous avons du monde. Pour cela, il faut revenir vers notre nature.

Être plus responsable de notre énergie

Un yogi célèbre a dit : "Ce qui différencie un idiot d'une personne intelligente, c'est qu'une personne intelligente sait à quel point elle est idiote ; un idiot ne le sait pas." Être responsable, c'est commencer à faire preuve d'humilité. Nous vivons dans un monde où les gens sains doivent garder leur silence pour ne pas offenser les gens mauvais. En réalité, nous ne connaissons pas tout ce qui compose ce monde. Mais nous sommes responsables de ce que nous décidons d'accepter et de faire. Nous pouvons même être responsable de ce que nous apportons à notre mental et à notre énergie, donc être responsable de notre bonheur.

Pour être responsable de notre énergie, il faut essayer de voir chaque chose, personne ou relation comme ce qu'elle est et rien d'autre. Bien sûr qu'il est très facile d'idéaliser une personne ou une relation, mais il faut savoir communiquer et accepter les limites de l'autre. La nature est un bon exemple pour nous montrer ce qui est véritable. Elle est juste là et n'est pas créée comme on voudrait qu'elle soit. Face à la nature, nous devons observer et nous en inspirer. C'est pareil pour nos émotions, les autres et la vie. Tout est source de création et d'inspiration. Il suffit d'observer et d'apprendre.

Dans la culture orientale, nombreuses sont les populations qui s'inclinent devant des animaux, des plantes et êtres humains. C'est un moyen de rendre hommage à la vie et à l'existence de chacun. En Inde, ils vénèrent l'eau qu'ils boivent, la nourriture qu'ils consomment, la lune, la Terre et les gens qu'ils rencontrent. Je pense que nous avons besoin de prendre exemple sur ces civilisations. Il faut savoir regarder la vie avec plus de respect et de douceur.

DEMANDE À L'UNIVERS LA BELLE PERSONNE QUE TU POURRAIS ÊTRE

*"IL Y A UN TEXTE DE MARTIN LUTHER KING QUI DIT : "FAUT
ACCEPTER D'ÊTRE UN SOLEIL". TOUT LE MONDE DOIT
L'ACCEPTER. IL NE FAUT PAS DIRE "JE SUIS MINABLE".
NON. MOI J'ATTENDS QUE LES GENS RAYONNENT, QUE LES
GENS M'ÉPATENT. MOI, J'ATTENDS DE LES ADMIRER. JE
VOUDRAIS QU'IL Y AIT DES GENS QUI PARLENT PLUS FORT
DANS LA RUE, DES GENS QUI MONTENT SUR UN BAR. A
PARTIR DU MOMENT OÙ JE L'ATTENDS DES AUTRES, JE LE
TENTE AUSSI AU RISQUE DU RIDICULE, AU RISQUE DU TROP.*

*JE PRÉFÈRE LES GENS RIDICULES, LES GENS TROP QUE LES
GENS PAS ASSEZ. LES GENS QUI ONT DÉJÀ ÉTÉ ÉCRASÉS
PAR LA SOCIÉTÉ OU PAR LEURS PARENTS OU PAR LEURS
PROFS... OU PAR TOUT LE MONDE QUI LEUR DIT : "TU N'ES
RIEN, TAIS TOI, ÉCOUTE!" NON. JE CROIS QU'ON N'EST PAS
LÀ POUR ÉCRASER LES GENS, ON DIT : "C'EST MOI QUI
PARLE, REGARDEZ COMME JE PARLE ET VOUS AUSSI VOUS
POUVEZ!". ET ÇA C'EST FORMIDABLE "*

INTERVIEW EDOUARD BAER

ÉCLAIRE CE QUE TU AS EN TOI

Regarde les fleurs comme elles éclosent

Regarde les chenilles quand elles se transforment en de magnifiques papillons partant voler vers le ciel

Tout dans la nature se lève pour s'approcher du soleil

Tout fleuri, change et fini par s'épanouir

Rien n'échoue dans la nature. Tout est conçu pour que chaque chose grandisse à sa place

Alors pourquoi pas toi ?

CHAPITRE 2

Analyser ses pensées

À travers mes études de méditation, j'ai appris à appliquer un moyen simple chaque matin : Au réveil, prendre une minute pour réfléchir à une chose précise et s'en débarrasser. Cette chose doit forcément nous concerner. Ca peut-être par exemple une pensée qui nous énerve dû à telle ou telle personne. Si c'est le cas, nous pouvons faire disparaître cette pensée avant que l'affect prenne le dessus. Décider qu'elle n'a plus rien à faire ici, à envahir notre corps et notre mental et qu'elle doit disparaître complètement. Pour une pensée négative, au lieu de dire : "je ne veux plus penser négativement", on dit "cette pensée ne va plus me rendre triste ou amère." Cependant, dans cette pratique, il faut être conscient de réaliser quelque chose qu'on est sûr de tenir. Quand on fait disparaître quelque chose, cette chose doit vraiment plus exister. Elle ne doit plus prendre un quart de notre énergie vitale.

Je le répète, notre bonheur ne dépend pas de ce que l'on possède mais de ce que nous sommes. La façon dont nous sommes à l'intérieur de nous définit la qualité de notre vie. Quand nous avons le moyen d'accepter ou non les pensées qui peuvent aller à l'encontre de notre bonheur, c'est une chance dont on doit profiter. Pareil pour les personnes qui nous entourent. Nous devons prendre la responsabilité sur ce qui nous fait grandir ou ce qui nous éteint.

Mieux se comprendre

Un jour, j'ai discuté avec une personne qui voulait se comprendre comme quand nous lisons une notice. Il croyait que c'était cela se comprendre : respecter à la lettre des instructions qui mèneraient à une vérité de soi. Je pense que cette idée est exportée un peu partout dans les cerveaux humains car nous sommes habitués à avoir des modes d'emploi pour nos téléphones, nos voitures ou n'importe quelle autre machine. Nous avons besoin de tout savoir et de tout connaître instantanément. Sauf que ça ne marche pas comme ça chez les humains. Nous ne pourrons jamais connaître parfaitement une autre personne et même un membre de notre famille. Alors pourquoi avons-nous envie de nous connaître sur mesure ? Tout simplement car l'envie n'est pas de nous connaître mais de nous gérer. Par conséquent, quand bien même nous allons nous plonger dans de grandes réflexions philosophiques, nous ne comprendrons pas la vie car elle n'est pas quelque chose que nous pouvons gérer.

Prenons l'exemple des insectes ou des animaux, eux aussi ont la vie qui circule en eux. Ils naissent comme nous, se reproduisent et gèrent leurs besoins vitaux à peu près comme nous. Mais, il y a que notre espèce qui crée tout un drame sur notre existence. Pourtant nous sommes censés être les plus intelligents du processus. Nous sommes ceux qui profitent le plus des choses matérielles et du confort. Or, aucune créature ne semble souffrir comme nous. Nous avançons dans notre vie maladroitement car nous ne sommes jamais vraiment heureux de ce que nous avons. Tout le monde souffre qu'importe sa situation. Mais, l'énergie vitale n'est pas souffrance. La vie nous demande d'être juste présent. Il faut savoir surfer sur la vague de la vie au lieu de sans cesse se sentir écrasé par elle. Nous souffrons car nous ne comprenons pas à quoi sert la vie.

Le problème est que si nous ne guérissons pas de nos blessures psychologiques, elles vont se manifester en jalousie, orgueil et méchanceté. Elles vont avoir une influence sur les autres. Nous serons épris de nos pulsions et ferons beaucoup de mal autour de nous. La méchanceté est contagieuse. Quand nous décidons de prendre soin de nous, d'être agréable avec nous même et de vivre consciemment, alors ce choix va se refléter sur chaque autre vie.

Je ne crains plus l'inconnu parce que j'ai confiance en la vie et dans tout ce qu'elle a dans le temps pour moi. Je préfère tracer mon propre chemin et être accueillie avec joie au cours de ma route que de suivre les chemins étroits et prévisibles de la masse.

Mon succès sera mesuré par combien de main j'ai tenu. Mon coeur par combien de gens j'ai aimé. Ma liberté par combien de brins d'herbe j'ai frôlé avec mes pieds. De lever de soleil que j'ai vu. De montagnes que j'ai arpenté. De mers dans lesquelles j'ai nagé et de vies dans lesquelles je me suis connectée.

Mon respect sera mesuré par combien je me suis considérée et aimée férocement. Comment je pardonne et lâche prise.

Je ne veux jamais appartenir à quelqu'un d'autre qu'à moi-même mais je veux essayer de donner une partie de moi à chaque personne sur mon chemin. Plus les leçons de la vie pleuvent sur moi et plus j'en vois des bénédictions.

CHAPITRE 3

Être dans le mouvement

Tout est en mouvement, nous naissons sans rien et nous allons repartir sans rien. Entre-temps, dans cette vie mouvante, nous recevons et vivons des pertes. Nous ne pouvons pas passer outre les transitions de la vie qu'elles soient positives ou négatives, elles nous emmènent toujours vers autre chose, un autre cycle que l'on mérite. Cependant, on nous éduque et nous montre qu'il faut toujours avoir un certain contrôle sur notre vie malgré la perte : que ce soit celle d'un emploi, d'un être cher, d'un ami ou d'une situation révolue. L'être humain du XXe siècle croit toujours avoir le contrôle sur tout et notamment sur l'existence. Mais personne ne peut avoir de contrôle sur cette énergie vitale. La vie est énergie et immatérielle. Elle est partout : dans les insectes, les plantes, les arbres et en nous. Pourtant personne ne sait à quoi ressemble la vie, personne n'a vu cette énergie et par conséquent personne ne peut être maître de la vie et avoir entièrement un contrôle sur elle-même. Tous les êtres vivants sont conçus pour vivre une évolution et donc conçus à s'adapter et changer sans pour autant avoir le contrôle.

Comme le disait le philosophe et prêtre Alan Watts dans *Au-delà de l'esprit rationnel* : "Chaque cellule de notre corps, chaque molécule, chaque atome change en permanence. Rien ne peut être figé. Chacun de nous est un tourbillon dans le courant de l'existence."

Or, le changement est souvent vu comme quelque chose de mauvais. Quand nous voyons notre vie changer, nous sommes plus attentifs et alertes. Nous sommes plus dans la résistance que dans l'acceptation face au changement car la partie de notre cerveau réceptive au danger - chose que nous avons reçue de la Préhistoire quand il fallait être alertés - dresse des murs pour nous protéger.

Accepter le changement

Les humains ont souvent tendance à penser que tout ce qui arrive sans qu'ils le veulent ou le demandent sont des choses qu'ils subissent. C'est pour cette raison que certains sont dans l'inconfort quand ils sont confrontés à l'amour, la vie et la mort. Cependant, il faut y faire face et le mieux que nous avons à faire est de prendre conscience de cet état transitoire. Certes il y a du changement mais une des choses où nous avons le pouvoir est le mental, grâce à lui nous sommes les seuls responsables de nos réactions face à cela et de notre santé. Et quand le changement rime avec croissance (chose censée être positive) certaines personnes conscientes ou non continuent à se créer des barricades pour se sentir en sécurité. Souvent on entend dire : "J'ai échoué, j'ai voulu tout reprendre à zéro et me voilà perdu.e". Ces barricades peuvent être construites autour de l'idée que l'on se fait de nous même, sur la façon dont le monde fonctionne ou de nos compétences. A contrario, on peut aussi croire que tout peut se réaliser toujours comme on le souhaite et de manière rapide car encore une fois, nous sommes dans une société d'offres et de demandes où tout nous arrive sur un plateau d'argent. Or, les changements prennent toujours un certain temps et en particulier les changements nous concernant. Néanmoins, chaque jour nous pouvons nous fixer quelques petits objectifs afin d'entraîner le cerveau à s'habituer à une nouvelle réalité. Si le changement est plutôt vu comme "tragique" ou "négatif", nous pouvons aussi nous montrer responsable face à la situation. Être responsable nécessite de faire preuve de résilience, de prendre en compte sa douleur et d'avoir comme un kit de survie émotionnel à portée de main.

Personne ne peut décider à votre place comment réagir face à une perte. Il n'y a que vous. S'il s'agit d'une perte qui cause du chagrin comme une rupture ou un deuil, il est important de reconnaître que nous sommes plus vulnérables dans ces moments parce que nous sommes dans l'incertitude de la vie. Beaucoup dans ces épreuves de vie vont se tourner vers le travail, la drogue ou l'alcool pour ne pas affronter leur tristesse. Ils font cela parce qu'à l'extérieur la vie continue et la société occidentale nous demande d'être opératifs. D'autres plongent aussi parce qu'ils ont du mal à ressentir ou à comprendre ce qui les traverse pleinement dans ces moments-là. Mais si on refoule toujours une émotion, nous ne la faisons pas disparaître, nous créons simplement des murs que nous devons casser plus tard. Au temps, affronter cela maintenant non ? C'est pour cela qu'il est essentiel de mettre de temps en temps votre monde sur pause pour comprendre vos émotions. Cependant, il est important de savoir que notre esprit n'est pas figé mais en croissance : nos pensées peuvent évoluer et changer et c'est à nous de nous entraîner pour cela.

J'ai décidé de parler d'épreuves et de changements dans ce chapitre car nous faisons partie des nouvelles générations et malheureusement ou non, la vie nous réserve de nombreux basculements. J'écris ce livre post Covid 19 où la santé mentale est touchée. L'OMS annonce que les troubles liés à l'anxiété et à la dépression se sont aggravés dans la population et notamment chez les jeunes. L'amour est mal compris et les contacts ont été heurtés. Chez les jeunes, le fléau de la drogue a augmenté pendant la pandémie et certains les utilisent comme "sédatifs" à cause de leurs maux. Aujourd'hui, chez beaucoup de personnes, il est plus simple de prendre un rail de coke plutôt que de s'asseoir et d'assumer pleinement ses émotions. Avant ce chapitre, nous avons longuement entamé le sujet de notre relation avec nous même. La relation que les humains ont avec eux-mêmes est cruciale car c'est elle qui définit nos relations et comment nous communiquons avec le monde extérieur.

Méditer, pratiquer du sport et une bonne alimentation m'aident au quotidien.

Cependant, ce qui me soigne et me permet d'avancer dans la vie est la connexion que je peux avoir avec les autres. En réalisant mon exposition itinérante *Femmes* , j'ai pu discuter le cœur ouvert avec d'autres jeunes qui appartenaient à un autre milieu que le mien. Le fait de parler d'intimité, de désir et d'envie et de comprendre ceux des autres m'a permis d'ouvrir de nouvelles portes. Ce chapitre traite du chemin de guérison. Comment être dans le moment présent et à sa place et comment communier avec les autres et l'importance d'avoir des relations saines.

Lien de guérison

Comme dit dans l'introduction, tout ce qui nous arrive dans la vie peut ou non nous affecter. Si souvent ces choses nous affectent cela dépend du regard que nous avons dessus. Un jour, j'ai écrit dans mon journal intime : " ce n'est pas ce qui m'arrive qui est grave mais c'est la réponse que j'ai face à cette situation". Aucun ouvrage sacré ou aucune loi ne nous dit que la vie est facile. Sauf peut-être dans les livres de développement personnel où il est écrit qu'il suffit de penser positif pour avoir une vie simple. Je n'aime pas les livres de développement personnel comme je n'aime pas ceux qui s'imaginent avoir réponse à tout. Qui croit sincèrement que tout peut arriver facilement ?

Même si la vie semble injuste et malgré les traumatismes que j'ai vécus, je n'aime pas être identifiée comme une "victime". Il est important et primordial d'écouter les femmes ayant vécues des agressions sexuelles mais les qualifier seulement de "victimes" me gène. Elles sont bien plus que tout ce qu'elles ont subi. Bien sûr qu'elles n'ont rien demandé et la situation est très grave, humiliante et injuste, cela doit être pris au sérieux. Or, quand l'on qualifie une personne de "victime" cela la réduit au statut d'objet. J'ai subi diverses agressions sexuelles, physiques et morales de la part d'une de mes premières relations étant adolescente, je me bats toujours pour me reconstruire sept ans après. Pourtant, j'ai décidé de ne pas être que ces trois années de souffrance. J'ai décidé de me prendre en main et de me considérer toujours comme une fille belle et immaculée. Je décide de cela car je ne souhaite plus que la personne qui a abusé de moi jadis ait encore du pouvoir sur ma vie. Ce n'est pas tous les jours simples, il reste des traces physiques de tout cela et je ne dois pas faire semblant. Voilà, nous ne devons pas faire semblant. Quand il nous arrive quelque chose, nous ne devons pas réagir à chaud et choisir de ne pas voir ce qui est en train de se passer. Nous devons affronter nos émotions. C'est par cet unique processus que nous arrivons à être libérés. Durant ces sept années, j'ai eu envie de fuir les rendez-vous médicaux trop douloureux, les relations qui amenaient à une intimité ou certaines discussions. J'ai pris du temps à comprendre que fuir ne servait à rien. Je l'ai compris quand j'ai rencontré un garçon qui fuyait lui aussi ses propres démons.

Aujourd'hui, je refuse de parler de mon passé

à voix haute mais je décide de vivre mes émotions parce qu'elles existent et les réfuter serait encore pire. C'est comme ça que je suis tombée une deuxième fois en dépression. Malgré les médicaments pour me soigner, je me suis rendue compte que cela ne servait à rien tant que je n'avais pas décidé d'aller vers l'expression de mal être.

Personne ne peut nous enlever nos pensées donc si nous souhaitons qu'elles soient plus dans notre tête, il faut les en faire sortir. Si nous décidons de vivre en choisissant de trier telles émotions plutôt que d'autres, nous nous comportons comme un dictateur : ces émotions sont bonnes, je continue à les faire vivre et ces émotions sont mauvaises, je vais les enfermer. Nous avons tous ce dictateur en nous qui essaye de nous commander et de trier sans aucune compassion de ce qu'on a le droit de vivre ou non. Moi je n'ai pas envie

que mon esprit soit nazi. Je veux vivre
l'entièreté de mes émotions et ne pas donner
la mort à des idées sous le jonc du bien et du
mal. Par contre, ce que je peux faire comme
expliqué dans le chapitre précédent est de
trier les situations qui peuvent amener ces
pensées négatives et atteindre mon énergie.

J'ai compris que je ne pouvais pas sauver les
autres mais être utile pour chercher avec eux
leur chemin vers la guérison. Je ne peux pas
faire le travail intérieur d'une autre personne
mais je peux l'amener là où il se sent bloqué
via des connaissances en psychanalyse et en
médecine. Mais il n'est pas nécessaire de faire
de longues études pour aider les autres. On
peut juste faire preuve d'humanité et
s'intéresser aux autres.
Souvent dans mes amitiés, j'entend des
personnes dire qu'elles ont besoin d'une

relation amoureuse en espérant trouver dans l'autre ce qu'elles n'ont pas. Soyons honnêtes, nous sommes nombreux à avoir voulu cela.

Que le choix soit conscient ou non, beaucoup de gens avec une faible estime de soi recherchent ou sont dans des relations qui aboutissent parfois à des impasses ou des ruptures. Souvent ce sont des situations peu stables ou des relations qui ne durent pas longtemps. La personne va rester dans cette relation croyant "ne pas mériter mieux" ou étant assoiffée d'attention. Ceux qui ont peu confiance en eux recherchent l'estime de soi ailleurs. Elles font confiance rapidement tant qu'en échange elles reçoivent de l'affection et de l'approbation. Et dans cet exemple, je ne parle pas de ceux qui au bout d'une relation stable vivent quelque chose de négatif dont ils n'avaient pas conscience avant. Souvent les personnes assoiffées inconsciemment ou non d'attention extérieure se plaignent de leur célibat et tombent amoureuse rapidement sans connaître profondément la personne ni ses attentions. C'est pour cette raison que dans le lien vers la guérison, nous ne devons pas attendre de l'autre. Nous devons nous sentir responsable : si nous cherchons quelqu'un de fiable alors soyons fiable avec nous même. Commençons à entretenir un amour propre, même si bien évidemment tout le monde mérite d'être aimé que nous ayons confiance en nous ou non.

Arrêtons de nous décevoir en faisant des promesses que nous ne tenons pas, arrêtons de demander aux autres d'agir d'une telle façon quand nous nous mentons à nous même. Arrêtons d'avoir une vie superficielle quand on ne veut pas de personnes superficielles dans notre entourage. Arrêtons de parler derrière un écran quand on souhaite des gens profonds dans nos vies. Arrêtons de nous inventer une vie quand nous souhaitons guérir et nous connaître vraiment. Essayons de devenir la personne avec qui nous aimerions être.

Toutes mes relations amoureuses ont fini avec cette phrase : "dans tous les cas tu m'as fait grandir" ou "tu m'as appris des choses sur moi-même, tu as été importante". Je bénis ces phrases car par amour j'ai débloqué des processus. Par les sentiments, j'ai laissé parler d'autres ressentis. En échange, je décide d'apporter mon pardon si cette relation a pris fin de manière calamiteuse afin que nous puissions renaitre.

En bref, selon moi il est très important d'accepter tous nos ressentis. Toutes nos émotions sont nos guides et il faut les observer sans pour autant s'en identifier. Même la colère est importante même si vous croyez qu'elle ne correspond pas à votre image que vous vous faites de vous. Ce qui vous bloque, va nous séparer les uns des autres. Quand quelqu'un ne guérit pas ses blessures, il peut réveiller de vieilles blessures d'autrui par son comportement. Il peut réveiller le système de défense de quelqu'un d'autre. Cela va aboutir à une baisse d'intensité vitale. Si nous sommes réactifs à nos blessures, nous avons l'habitude de réagir spontanément. Il y a une différence entre le fait de comprendre et d'accepter nos émotions même les plus désagréables et de réagir à tout sans réfléchir.

Commencer à se guérir pour renaître, c'est avoir fait le choix en toute conscience entre la survie et la vie. C'est être responsable de son existence et bien vouloir se reprendre en main. C'est accepter les changements, faire le tri de ce qu'on a perdu et ce qu'on construit de nouveau. C'est ne plus choisir de manière passive mais plutôt en toute conscience. Comme nous l'avons dit plus haut, être blessé et être vulnérable arrive à tout le monde. Par exemple, il n'existe pas de relations sans concessions ou sans parfois devoir abandonner des parties de nous. Dans notre société actuelle, les discours publics s'adressent à nous et notre devoir de prendre soin des autres. Mais nous sommes tous l'autre de quelqu'un. Nous pouvons être la vieillesse pour quelqu'un, le pauvre, une personne sans moyens ou celui qui subit la crise économique. Cependant, la société nous force à tout subir et de faire l'effort l'air de rien. Nous nous collons l'étiquette d'un idéal du bonheur. Ceux qui ne trouveraient pas ce bonheur seraient vus comme ceux qui manquent de volonté.

En réalité, la plupart des personnes ne restent pas de marbre face à la souffrance d'une personne et encore plus lorsqu'il s'agit d'un proche. Avouer que l'on se trouve dans un moment de faiblesse est quelque chose de très courageux actuellement. Mais, si nous nous entraidons tous à communiquer sur nos souffrances, de les montrer à ceux qui partagent nos vies et à les accepter. Si nous ne les cachons pas, nous invitons l'autre à être témoin et à l'écouter. C'est être témoin dans sa propre humanité. Chacunes de nos fragilités révèlent en fait une réalité plus vaste. Nous ne sommes pas seuls dans notre souffrance et si nous arrêtons de nous montrer toujours à travers le prisme de la confrontation ou de la domination peut-être vivrons nous dans un monde moins violent.

J'ai retiré toute la culpabilité et la pression qui m'habitent dans ma vie quotidienne. Après ces derniers mois, j'ai eu l'occasion d'être seule et de choisir l'équilibre et l'auto guérison. La voix de mon parent intérieur n'a jamais été aussi forte. Elle me disait : "mange, dors, respire. Prends le temps".

Un changement positif s'est produit en moi et en fonction de l'image que j'attribue à la vie.

J'espère que ce message servira à rappeler à prendre soin de soi de la meilleure façon possible. L'automne arrive et ma colonne vertébrale est forte. Chaque muscle est détendu. Les sommeils ont été profonds. J'espère que les choses inutiles et futiles seront capables de tomber pour que nous puissions rêver, aimer, vivre et respirer dans la simplicité.

Change si ça ne te convient pas.

Tu as le moyen de toujours trouver une place quelque part

sois
reconnaissant.e
d'être
arrivé
jusqu'ici

CHAPITRE 4

Corps et alimentation

Notre ventre et notre cerveau sont connectés par le biais du nerf vague qui relie le système nerveux central et les intestins. Mais le nerf vague n'est pas le seul lien, il y a aussi la flore intestinale (champignons et virus situés dans les intestins) joue un rôle. Dans la tradition yoga, nous avons : le corps physique, le mental (nos pensées) et l'énergie. L'alimentation joue un grand rôle sur notre esprit. Des recherches ont été menées sur des bactéries intestinales qui auraient une influence sur notre cerveau notamment sur notre bien-être mental et émotionnel. Le professeur et immunologue Dr Eric Claassen a dit : " En effet, ces dernières années, de nombreuses recherches ont été menées sur l'implantation de bactéries entériques provenant de donneurs sains chez des patients souffrant de troubles intestinaux graves. Nous parlons ici de transplantation de microbiote". La flore intestinale du donneur permettrait d'aider à équilibrer la flore intestinale du patient receveur. Les chercheurs ont découvert grâce à cette expérience que cette transplantation agissait sur les troubles intestinaux mais aussi sur les émotions du patient. Une personne atteinte du syndrome du côlon irritable souffre souvent de sentiments dépressifs ou de troubles de la mémoire. Cette transplantation a permis de réduire certains troubles. Les chercheurs ont remarqué des améliorations spectaculaires chez les personnes souffrantes de dépression et de troubles anxieux. Ainsi, si l'on observe ces dernières recherches, nous voyons que les humeurs noires ne sont pas que "dans la tête". Nous ne nous réduisons pas qu'à notre cerveau. Laura Steenbergen chercheuse a découvert que des patients ayant consommé des probiotiques ressentaient moins de stress. Certains probiotiques produisent de la sérotonine et sont anti-inflammatoires.

Pour que votre microbiote intestinal soit sain, il faut une bonne alimentation comme la consommation de sucres "simples". Une bonne alimentation est une chose importante pour assurer un bon transfert entre les intestins et le cerveau. Elle peut nous permettre de nous protéger contre les mauvaises humeurs ou les pensées négatives récurrentes.

Plus votre alimentation est variée et plus le microbiote l'est aussi. Par exemple, nous pouvons manger un maximum de fruits, de légumineuses ou de légumes différents. Les fibres sont importantes aussi car elles sont le premier milieu de culture pour les bactéries intestinales quand l'on est bébé. Elles sont présentes dans les céréales. Elles gonflent, facilitent le transit et nourrissent notre intestin.

Pour info, nous recevons notre microbiote dans l'utérus de notre mère quand nous sommes des fétus. Le bébé a alors des intestins encore stériles et reçoit des bactéries de la mère.

Quand j'ai commencé mes études de méditation, j'ai appris que la médecine orientale avait découvert depuis déjà longtemps le lien entre notre ventre et notre cerveau. Bouddha nous conseille une alimentation non violente et de manger avec conscience. Les moines tibétains ou bien les yogis sont conscients de ce qu'ils intègrent dans leur corps. La nourriture est pour satisfaire le corps. Les aliments peuvent avoir un effet sur nos sensations physiques. Si l'on se sent énergique c'est que notre corps a reçu ce qui le rend heureux.

Une alimentation consciente commence par le fait d'exprimer de la gratitude pour la vie. Il faut savoir être reconnaissant. Manger avec gratitude c'est être reconnaissant et conscient de ce que l'on met dans notre corps et par conséquent cette idée s'étend dans notre vie et on peut étendre cette idée à notre manière d'exister. Tout ce qu'on ingère provient d'une idée consciente.

La tradition yogique ne différencie pas le corps et le mental. Seulement le mental est une forme d'intelligence. Le corps aussi a une mémoire et celle-ci a des millions d'années derrière elle. Selon des études en Inde, si nous mettons des personnes actuellement en dépression sous un régime végétarien et une alimentation consciente, elles n'auront plus besoin d'anti-dépresseurs. Quand nous apprenons à être praticien en méditation, nous apprenons que nous serons plus concentrés au début de la journée avec un estomac vide ou peu rempli. Le cerveau fonctionne mieux quand l'estomac est peu rempli. Cependant, je ne vous invite pas à ne pas manger mais à comprendre quand vous êtes le plus réactif. Nous sommes plus optimistes quand notre système digestif n'est pas en train de digérer. Par conséquent, il faut être conscient de consommer des aliments qui permettent de digérer plus vite.

Être conscient quand on mange c'est aussi ne pas dicter aux autres ce qu'ils devraient manger. Comme avec le changement, c'est à eux de décider pleinement de leur vie. Il n'y a pas encore de prescription de ce qu'on devrait manger ou non au cours de notre vie car tout change dans la vie. Dans les temps actuels, des chercheurs font la remarque qu'il serait bénéfique de sevrer petit à petit les gens de leur consommation de viande. Hormis le fait que consommer de la viande pollue, on remarque que dans les pays où les gens mangent le plus de viande il y a le plus de maladies. La moyenne de consommation de viande aux Etats-Unis est moyenne de 90 kg par an. On remarque aussi que les factures de soins médicaux dépassent le PIB de la plupart des pays. La consommation de bœuf serait une des sources de maladies cardiaques en Amérique et la viande en générale celle du développement de cancers. Cependant il faut aussi savoir que de nouvelles théories de ce que l'on doit manger se développent chaque année.

Manger sainement ne devrait pas être une course quotidienne. Nous nous mettons une énorme pression pour limiter les aliments jugés néfastes, maigrir ou avoir un mode alimentaire qui sera vu comme le plus éthique. Je n'en peux plus d'entendre parler du *summer body* dès le début du printemps. Ce type de rapport au corps est source de charge mentale. Le corps est un mécanisme tellement complexe par rapport à tous ses pseudos objectifs. Il communique avec nous en nous envoyant des signaux concernant nos besoins et les choix à mettre en place. Il y a le mécanisme neurobiologique qui nous envoie des messages hormonaux et nerveux provenant du tube digestif comme vu plus haut. Ce mécanisme œuvre aussi pour garder un poids d'équilibre. Le corps a sa propre technologie. Vouloir contrôler complètement son corps est juste un acte inconscient.

Pour autant peut-on faire du bien à notre corps de manière instinctive ? Nous sommes complètement capables de vivre par rapport à nos cinq sens car c'est ce qu'on fait déjà. Il suffit en premier temps de connaître notre manière de fonctionner. En deuxième temps, adopter notre façon de regarder notre corps de manière plus bienveillante. Encore une fois, nous sommes des êtres vulnérables. Nos failles sont là pour faire passer la lumière. Il faut se réconcilier avec notre corps et lui apporter une attention plus curieuse. Si nous n'en sommes pas capables, nous devons mettre les choses en place comme aller voir des professionnels de santé. Dans tous les cas, la vie serait plus agréable si nous étions guidés par l'amour de soi. Il faut apprendre à lâcher le contrôle et faire confiance aux processus de la vie.

Aujourd'hui, peut-être avons-nous besoin de telle quantité de nourriture et demain nous aurons besoin d'autre chose. Le principal est de rester conscient de nos besoins pour nourrir notre corps. Il fut un temps où l'alimentation des humains n'était pas la même que de nos jours à cause de l'accès à la nourriture et la conservation. Le jeûne était fréquent dans le passé. C'est un moyen naturel de retrouver un ordre physique et physiologique. Les animaux ne mangent pas quand ils sont malades dans la nature pour ne pas surcharger leur organisme qui celui-ci va se focaliser sur la guérison. L'humain possède aussi cette même capacité, par exemple : un bébé malade ne va pas manger. Le problème c'est que notre système éducatif nous apprend à écouter plutôt notre pensée et notre intellect que notre corps sensible. Il est important de ne pas ouvrir son corps à tout et à n'importe quoi. Bien manger est important mais garder conscience est primordial. Nous devons manger de façon judicieuse, ce qui convient le mieux à notre corps quand nous en avons le choix. Nous devons consommer ce qui nous donne une bonne santé : tous les jours nous consommons des informations de l'extérieur (comme les médias, les idées qui se diffusent), des pensées et bien sûr de la nourriture. Nous devons prendre ce qui est bon pour nous. Ce que l'on fait entrer dans notre organisme fait la différence et pour cela il faut être à l'écoute de nos besoins et de notre propre corps.

Ecouter son corps / relier corps et esprit

Dans la relation entre le corps et l'esprit viennent se faufiler les pensées perturbatrices. Nous avons tendance à penser que si "je perdais x kilos, je serais plus heureux" ou "je ne peux pas y arriver". Ces pensées peuvent peu à peu devenir plus imposantes et tourner en boucle dans notre tête au point de nous paralyser complètement. Il faudrait apprendre à s'ancrer plus dans le présent - et ça dès l'enfance. Même si ces pensées sont inévitables nous devons nous consacrer à prendre soin de nous plutôt que de laisser ces pensées agir sur notre santé. Ces pensées ne sont que des mots, elles deviennent importantes qu'au moment où on décide de les valider. On ne peut pas stopper complètement ce flux de pensées mais puisque cela est un flux, nous pouvons le laisser couler. Nous devons accepter dans notre vie que ce qui ouvre un espace au choix et tout ce qui nous procure une économie d'énergie vitale. Pourquoi nous rendre plus faibles que l'on est déjà juste à cause de choses que l'on se crée ? Ces pensées ne témoignent aucunement d'une réalité mais c'est vous qui pouvez les rendre réelles. Si nous commençons à communiquer autour de ces pensées, même celles qui nous semblent les plus étranges, nous nous rendons vite compte que nous ne sommes pas les seuls. Nous partageons tous les mêmes peurs et les mêmes souffrances (malgré des degrés différents).

Nous sommes tous dans la même barque, celle de la vie humaine. Nous avons tous un but commun : être heureux.

Dans la vraie vie, pour mener notre existence matérielle nous avons besoin que d'un centième des capacités qu'offre notre corps. Et pourtant, nous avons tendance à penser que notre vie est limitée à notre nature physique. Or, nous sommes capables de percevoir toute notre existence quand nous sommes bien formés, quand nous ne sommes pas qu'un physique constitué d'un amas de nourriture que nous consommons. Nous sommes en quelque sorte une extension de la planète. Tout ce qui arrive à la Terre, nous arrive d'une certaine manière. Ce que nous ingérons fait partie d'un processus vital plus vaste. Par exemple, si nous prenons un citadin, celui-ci sera plus coupé et ne sentira moins la nature dans son corps que les personnes vivant à la campagne. Je n'ai connu aucun citadin dire : "je sens qu'il va pleuvoir, j'ai mal au genou". Pourtant, même la plupart des animaux et des insectes le ressentent. Et tous nos ancêtres aussi.

A partir du moment où nous nous mettons à l'écoute de notre corps et de notre cœur, nous pouvons découvrir que tout ce dont nous avons besoin est en nous.

Plein Conscience

Asseyez-vous tout simplement à même le sol et optez pour une respiration lente.

Sentez et identifiez vos chevilles, vos jambes et vos fesses en contact avec le sol

Tous vos os touchent le sol. Continuez à respirer.

Imaginez qu'une lumière verte se diffuse dans votre corps à travers les points de contact avec le sol et monte doucement jusqu'en haut de votre tête tout le long de la colonne vertébrale

Cette lumière vient nourrir chaque cellule de votre corps

Elle vient soigner toutes les tensions

Prenez de grandes respirations et à chaque expiration, renvoyez le négatif stocké en vous vers le sol et la Terre

Continuez jusqu'à ce que vous vous sentez mieux

Je reconnais dans ce corps ce qu'il a vécu et les sagesses qu'il détient

C'est les cycles et la transformation du pouvoir féminin

Corps qui sait ce qui me guérit

Corps comme compagnon sur cette terre, corps de poussière

Corps qui me parle quand il faut bouger

Ensemble dans l'intimité

Écoute les murmures de mon corps

Je suis son instinct, il me dicte la vie de ma naissance à la mort

Mon corps

TU AS TROIS MAISONS : ton mental, la terre et ton corps. PREND SOIN DE CELA.

Tu es nécessaire

Tu es important qu'importe les hauts et les bas.
Tu n'es pas ici pour rien. Alors, ne reste pas sur la
touche et agis.

Ne prend pas de mauvais choix pour ton corps et pour
ton mental.
Ce que tu choisis de consommer à une importance - les
médias, la violence, les drogues, la nourriture, la
beauté, la joie...
Recherche l'or qui va te permettre de briller plutôt que
les déchets. Tu vaux mieux que ça. Fais le pour ton
énergie.

chapitre 5

Vivre heureux c'est prouvé

Le médecin généraliste Vincent Valinducq et la naturopathe Angèle Ferreux-Maeght ont mené une recherche sur les zones bleues (titre de leur ouvrage). Une zone bleue est un endroit insulaire et isolé délimité où on y trouve des nonagénaires et des centenaires particulièrement heureux et en bonne santé. Ils ont observé que ces personnes consomment local et bio dû à leur place géographique mais aussi continuent à rire et à s'émerveiller de tout malgré leur vieil âge. Ils conservent une joie de vivre, sont éloignés du stress et vivent dans le partage. Ces manières de vivre et ces habitudes peuvent être des sources d'inspirations à méditer pour nous qui vivons dans un monde plus moderne et une société individualiste.

Ces personnes là vivent ancrées dans leur terre et je pense que c'est ce qui nous manque. Etre ancré c'est faire acte de présence consciente dans l'instant, dans son corps et dans sa vie. C'est aussi prendre conscience de notre lien avec la Terre. Ils vivent également en recul du monde actif. Tout le monde souhaite à un moment donné du silence. En fait, ce que l'on recherche ce n'est pas forcément se couper du monde mais essayer de trouver une paix intérieure. Il est très compliqué pour beaucoup de gens de rester assis dans le silence car cela peut-être vite gênant pour eux. Nous ne savons pas vivre dans un monde où les sons sont absents. Quand nous sommes dans une pièce silencieuse, nous avons l'habitude d'allumer la télévision ou de mettre de la musique.

Être dans le silence peut nous rendre plus fort. Pour cela, on peut mettre en place des routines comme :

s'habituer à être seul ou regarder moins souvent son téléphone ou les écrans.

J'ai remarqué que beaucoup de personnes, quand elles sont seules chez elles, vont sur les réseaux sociaux et se filment. Ce phénomène est plus récurrent que l'on croit car les nouveaux médias nous entraînent à montrer notre vie, à nous filmer et à mettre en scène notre quotidien. Ces personnes passent en moyenne 30min de leur existence à se filmer pour raconter des événements de leur journée - cela peut aller de la dernière mésaventure au film qu'ils viennent de regarder. En soi, il n'y a pas besoin d'avoir une information importante pour parler derrière un écran, il suffit de raconter sa vie. Et si nous prenions du recul, je trouve tellement triste d'imaginer une personne seule dans son appartement en train de parler à son téléphone.

Quand j'ai commencé à pratiquer la méditation de manière plus studieuse pour mes cours, je n'étais pas

à l'aise moi même avec le silence. J'avais l'impression
d'avoir une ville entière dans ma tête. Mais en
persistant et en mettant moins de bruit dans ma vie,
j'ai compris quel plaisir c'était de pouvoir écouter
simplement sans être déconcentrée. Méditer chaque
jour est mon rituel dans les distractions. C'est à
partir de ces méditations que j'arrive à appliquer plus
de concentration dans ma vie au quotidien. Par
contre, cela demande une grande discipline. Quand
on se sent plus présent dans les choses que l'on fait,
alors tout devient plus agréable et l'on se sent
concentré sur les choses importantes de la vie.
On nous a toujours appris à en vouloir toujours plus
mais cette méthode ne nous rend pas satisfaits. Nous
avons construit des villes, les avons agrandi. Nous
avons fait preuve d'intelligence et de technologie
pour bâtir et développer tellement de choses mais
sommes-nous vraiment heureux avec toute cette
technologie à notre disposition?

La sérénité n'est pas quelque chose que nous trouvons en dehors de nous même mais en nous. C'est l'équilibre dont nous avons besoin. Atteindre la sérénité nous semble être le Graal. Beaucoup de livres de développement personnel veulent nous faire croire qu'il est facile d'être serein et surtout d'y rester. Cela peut engendrer une très grosse forme de culpabilité quand nous n'y arrivons pas.

Sur Terre, il existe des endroits qui nous reposent plus que d'autres. La forêt, par exemple, est un lieu magique pour cela. C'est un espace calme qui peut aider à la réflexion, où l'on a toute sa place pour s'exprimer. Il faut trouver un endroit où vous pouvez vous permettre de vous extraire de cette jungle extérieure et de vos pensées mentales. Un lieu où vous pouvez ressentir pleinement, vous reposer, vous sentir vivant et vous ressourcer.

Nous avons besoin de ces endroits-là et de ces moments car rien n'est stable dans nos vies. Tout est cycle. La Terre est ronde et on nous demande de marcher droit et d'être toujours stable. On nous dit souvent : "relaxe toi" mais ça ne marche pas. Or, si on prend le temps de se retirer de l'étourdissement et d'observer au moins une minute notre corps alors nous ferons beaucoup plus de choses nécessaires pour soi. Si on prend le temps de lâcher prise, d'abandonner des idées, points de vue qui nous empêchent de grandir ou d'être dans l'amour. Si on ose pour une fois être soi, qu'on accepte être personne dans le monde ou dans l'univers malgré nos réussites alors serions nous pas plus responsables de notre existence?

Le problème est que la société nous fait porter tellement de pression sur nos épaules qu'on en vient parfois à mentir ou à nous trouver des excuses bidons. Nous avons tous inventé une histoire quand nous n'avions pas la force ni l'envie de faire quelque chose. Quand avons-nous le droit de mentir et quand on en n'a pas le droit ? Parfois on regrette d'inventer une excuse tandis que des personnes mentent sans arrêt. On parle de l'instant "karma" comme une force qui nous court après pour nous punir pour tous les mensonges et les mauvaises paroles que l'on a commis alors que les lois karmiques ne sont pas faites pour ça. Le karma s'installe dans votre vie quand on répète en boucle des mensonges ou quand l'on reproduit les mêmes schémas qui auront toujours de mauvaises résonance dans notre futur proche.

Est-il plus grave de mentir aux autres ou à soi-même? Ce sont des questions que je me pose. Mentir ne doit jamais être une option dans la vie. Par exemple, on ne devrait jamais utiliser le mensonge pour entrer dans un groupe d'amis ou pour être accepté quelque part.

Le pire pour moi est de se mentir à soi même. On se doit la vérité. Si on commence à trop se mentir, il y a un moment donné où ça bascule. Le mensonge est tout le temps accompagné de la culpabilité. C'est un cercle vicieux. Une double peine. Pour éviter de se mentir, il faut commencer à se respecter et à s'aimer. Il faut savoir prendre sa place et l'assumer. Se considérer pleinement pour s'imposer dans toute son entièreté en tant qu'humain auprès des autres et avoir ses propres idées et propres choix. Apprendre s'aimer c'est comme un parcours du combattant mais pour être droit avec soi-même il faut savoir se pardonner et se respecter. Avoir un respect inconditionnel pour soi-même. Connaître ses imperfections, ses compétences et viser haut non pas pour en montrer aux autres mais pour nous même tout simplement. Nous avons toute une vie pour cela et c'est d'ailleurs notre mission commune. La vie est une incroyable aventure vers la vérité. Nous devons être plus libres, plus fluide et à l'écoute de la vie telle qu'elle est. On devrait changer le mot "lâcher prise" par "laisser être". Laisse couler nos pensées et la vie.

Intelligence émotionnelle

Nous vivons dans un monde de peur. Nous avons peur de la mort, peur de l'amour, peur pour notre santé, peur pour nos économies et pour les générations à venir. La peur n'a jamais été plus d'actualité que pendant la crise sanitaire du Covid 19. Cela a été une crise économique et psychologique également. La peur s'est installée dans nos cerveau pendant la pandémie à cause des médias qui envoient une information négative constante. Nous sommes en pénurie d'intelligence émotionnelle. C'est pour cela qu'une fatigue émotionnelle s'installe chez beaucoup de gens et notamment chez les plus jeunes. Nous sommes toujours en train de combattre nos

peurs alors qu'en réalité une peur sur dix est fondée
Pourtant nous sommes à l'heure du choix et nous
nous retrouvons incapables de choisir ce qui est bon
pour nous. Nous devons avoir le courage de vivre
ensemble nos souhaits d'amour et de solidarité. Si
nous nous sentons mal à l'aise avec le monde dans
lequel nous vivons ou la réalité que nous créons, nou
pouvons toujours y changer. Il y a un tas
d'associations humanitaires qui attendent que vous.
Nous avons plus que besoin de mécanismes
émotionnels qu'il s'agisse de fraternité, d'amour, de
passion qui nous conduisent à nous réunir autour
d'un but ou d'un projet. Nous sommes tous capables
d'inspirer autrui à faire de son mieux. Nous avons
comme des émetteurs en nous et nous devons choisi
si nous voulons émettre des émotions toxiques ou
bénéfiques chez l'autre. Nous sommes capables de
révéler la meilleure partie d'une personne comme la
pire. Nous devons être capable d'aimer l'autre

réellement pour ce qu'il est, là où il est sur son chemin de vie aujourd'hui et avec ses propres ressources. Même si cette personne finit par changer, le simple fait de l'avoir aimé un jour a joué une part dans sa vie. Nous sommes constitués que d'amour. Nous ne pouvons pas avoir l'amour mais nous pouvons être amour. L'amour n'est pas une chose à acquérir et c'est pour cela que certaines personnes n'en sont pas capables par moment. Ils recherchent l'amour partout mais oublient de regarder en eux-mêmes.

Nous apprenons à aimer de manière conditionnelle avec des "si". Nous voulons toujours créer un idéal, dominer autrui ou le changer. Pareil en nous même, on se dit : "je m'aime que si j'obtiens cela" / "je m'aime que si je deviens cela". Nous faisons preuve de violence avec "si". Nous n'allons pas vers un état d'amour dans ces conditions mais vers un état de guerre car l'amour est sans condition.

Les recherches scientifiques ont montré que nous étions complètement capables de changer d'idées et de vie au cours de notre existence. Notre cerveau n'est pas figé. Les recherches confirment une plasticité du cerveau à tous les âges c'est-à-dire que notre cerveau peut toujours se transformer grâce à d nouvelles connexions neuronales et réseaux de neurones que l'on se crée.

Je ne suis pas arrivée au stade de ma vie que je souhaite vivre. J'ai encore un long chemin à faire et j'ai une chance incroyable d'être jeune.

Enlève la peur de la déception
Enlève la peur de tomber
Enlève tout ce fardeau
Toutes ces pensées anxieuses
C'est parfois lourd à porter
Laisse couler

La vie est trop courte

pour que tu passes ton temps à te faire la guerre

FAIS DES CHOSES
QUI NOURISSENT
TON ÂME ET NON
TON EGO

CHAPITRE 6

Respect de la Terre

J'ai écrit cette partie en mars 2020 alors que nous venions d'être confinés. Je l'ai repris trois ans après pour publier ce livre. A cette époque, la pandémie nous est tombée dessus et très vite nous réfléchissions aux alternatives pour le "monde après". L'idée qui revenait souvent était de transformer ce désespoir accompagnant la crise en une action collective pour un réel changement social. La Covid 19 est le résultat du stress que nous avons causé aux systèmes de la Terre. De nombreux autres virus appelés "zoonotiques" comme celui du Covid ont augmenté et ce que nous avons vécu n'est qu'une expérience parmi tant d'autres qui risquent de nous tomber dessus. De plus, nous détruisons des habitats naturels qui entraînent une proximité entre les animaux sauvages et les humains et donc la transmission de maladies. Les villes sont surpeuplées, il y a une croissance industrielle et un chaos climatique qui affaiblissent notre système immunitaire. Il y a de plus en plus de pauvreté ce qui fait que de plus en plus de personnes sont vulnérables sans pouvoir profiter des aides qu'elles ont besoin de la protection sociale.

En mars 2020, nous avons eu un choix capital à faire : allons nous retourner au monde d'avant malgré qu'il risque de s'effondrer pendant la crise ou allons nous aller dans l'action, le mouvement et le collectif ?

Je fais partie des jeunes générations qui ont le plus à perdre puisque c'est nous qui allons devoir reprendre les dégâts du monde que nous laissons derrière nous actuellement. Je me sens responsable et je suis fière de voir certains jeunes se lever pour faire entendre leur voix et leur avis. Mais ce que je trouve de triste c'est que ceux qui détiennent le pouvoir de nos jours sont ceux des générations anciennes qui refusent pour la plupart d'écouter, de voir ou de dire la vérité sur ce qui est en train d'arriver à la Terre. Nous devons plus réfléchir de manière binaire : jeunes contre vieux ou nouveau contre ancien. Nous devon tous faire preuve de leadership et collaborer ensemble. Nous avons tous le devoir de ne pas laissé la souffrance de l'effondrement climatique à nos enfants. Il faut arrêter de nous penser comme des individus séparés mais plutôt comme un individu qu sans relations avec autrui ne peut subsister. Il faut arrêter de penser "le pouvoir sur" mais plutôt "le pouvoir avec" ce qui empêcherait bien des violences autant vis-à -vis de la Terre que sur d'autres êtres humains comme par exemple les femmes.

Mon travail en tant qu'artiste plasticienne a été jusqu'à maintenant, de réunir assez de contenu sur les insectes et le monde végétal pour mettre en avant la vie végétal, animale et humaine en cohérence.

Se connecter à la Terre

Fin avril 2020, le Haut conseil pour le climat avait formulé au gouvernement ses recommandations pour une "relance verte" après la pandémie. Le Haut Conseil pour le climat a été inventé par Emmanuel Macron en 2019 et est composé de douze experts chargés d'apporter des résultats et des conseils indépendants sur la politique du gouvernement concernant le climat. Ces experts ont jugé qu'il était primordial de placer les enjeux du changement climatique au cœur des plans politiques post crise sanitaire. Pour prendre l'urgence climatique au cœur des plans, il faudrait en partie privilégier des investissements verts qui ont une efficacité énergétique par exemple dans l'industrie, mettre en place des infrastructures bas-carbone comme pour les transports et les énergies. Mais aussi, soutenir l'innovation des marchés bas-carbone et améliorer les pratiques agricoles. Beaucoup de mesures qui prennent en compte l'urgence climatique ont des co bénéfices comme pour la santé publique.

Où en sommes-nous en 2023 ? Alors que la crise climatique est de plus en plus préoccupante, des multinationales dont Total utilisent l'exploitation d énergies fossiles comme le gaz ou le pétrole. La fondation tente de se donner une image plus verte qu'ils et ont une grande influence dans notre sociét grâce à leurs partenariats (présence dans les musées les cercles politiques et économiques, le sport tel qu le rugby mais aussi à travers de projets scientifiques Total développe une stratégie de soft-power * afin d'orienter les décisions économiques et politiques e leur faveur tout en sachant que nombreux français e françaises les regardent d'un mauvais œil.

Chez les jeunes générations, on compte qu'en fin 2019, 72% des 18-24 ans se sentent angoissés par le réchauffement climatique selon Yougov la même année où la crise climatique entre dans les consciences des plus jeunes grâce aux marches pour le climat.

On annonce que de plus en plus de jeunes vont souffrir d'éco anxiété d'après Laelia Benoit pédopsychiatre pour *Le Monde*. L'éco-anxiété est une réaction face à l'inaction pour faire face à la crise climatique. On peut y ressentir une énorme solitude et une incompétence face à ce qui arrive au monde. Cela peut même amener à des dépressions. Beaucoup de jeunes n'ont pas le pouvoir de déterminer leur avenir et subissent les choix de la société. Je trouve qu'il est essentiel que la société se rende compte du désespoir et de l'angoisse grandissants chez de nombreux jeunes concernant leur avenir sur Terre. La peur et l'indignation qu'ils ressentent est une preuve que nous ne sommes pas divisés sur la nature mais une partie d'elle et que nous sommes capables de ressentir ce qu'elle subit. Ces réactions montrent qu'il y a encore espoir et un amour pour la Terre et pour tout ce qui est juste. Cet espoir peut être mené collectivement et devenir un mouvement comme par exemple : les Vendredi pour le climat.

Il est urgent de se rendre compte que les oiseaux, les insectes ou bien les arbres sont tous une forme de vie. La société occidentale a longtemps pensé que tout ce qui ne bougeait pas n'était pas en vie. Nous avons pris beaucoup de temps à nous rendre compte qu'il existait un règne végétal. Tout simplement car c'est typiquement humain de penser que tout ce qui ne nous ressemble pas doit être traité avec méfiance ou un sous être. Nous en avons même fait la preuve dans la race humaine : longtemps, ceux qui n'avaient pas les caractéristiques de la race blanche étaient vu comme des être inférieurs dont l'on pouvait mener de l'escavage et la colonisation sur leur terre. De nos jours, il n'est pas dans toutes les consciences qu'un animal peut souffrir comme nous ou avoir des émotions. Il n'est pas dans toutes les consciences de penser que certains insectes vivent de manière organisée telle une société humaine. Que les plantes ou les arbres ont leur propre sang et moyens de communications.

Prenons l'exemple des animaux, ils sont considérés comme des êtres vivants et pourtant plus de 200 millions d'animaux sont abattus chaque jour. Est ce qu'en sachant cela, on peut penser qu'on considère les animaux autant de la vie que nous ? Avant qu'on intervienne sur ce que je viens d'écrire, il faut savoir qu'il est bien évident qu'il faut subvenir à nos besoins mais 200 millions d'animaux tués quotidiennement, nous savons tous que ce n'est pas nécessaire.

Sommes-nous si uniques ?

L'humain par son règne, sous prétexte que nous sommes en haut du processus, se permet tellement (choses sur le vivant. Pourtant, d'après des chercheu en éthologie et en anthropologie, nous avons énormément de caractéristiques avec d'autres espèces. Sommes nous si exceptionnels ? Non. L'homme n'est pas un être à part. La nature existait avant nous et quand nous mourrons, elle existera sans doute toujours après nous. Nous existons DAN la nature et PAR la nature. D'un point de vue biologique, nous sommes ridicules par rapport à notre environnement. Si il n'y avait plus d'arbres, nous ne serions plus capables de respirer. Nous faisons partie du monde animal et plus largement du monde du vivant tout comme les oiseaux. Quand l'o fait une comparaison avec les autres espèces vivantes, il semblerait que nous ne soyons pas uniques biologiquement parlant.

 Notre seule particularité est que nous sommes les seuls êtres vivants à nous questionner sur ce qui nous entoure et sur notre existence. Nous sommes les seuls êtres vivants capables d'étudier et de sauver les autres espèces grâce à notre intelligence. A contrario, nous sommes les seules espèces à avoir un cerveau assez grand pour être empli d'angoisse ce qui crée des désavantages. Sans cela, nous sommes un animal exceptionnel. Ensemble, en créant des cultures, nous avons réalisé des choses incroyables.

Alors pourquoi de nos jours sommes nous si incapables de nous reconnecter au vivant? Pourquoi sommes-nous incapables de nous intéresser à la vie qui nous entoure? Pourquoi sommes-nous aussi égocentrés au point où nous voyons le monde qu'avec notre propre vision et notre propre pensée? Pourquoi

sommes-nous avec cet esprit de conquête qui fait qu
nous détruisons tout sur notre passage? Qui
s'intéresse aux insectes avant que nous l'écrassions
sous notre chaussure fabriquée Made in China?
Pourquoi la nature ne serait-elle pas juste "un autre
moi"? Pourquoi rejetons-nous le terme animal pour
se qualifier? Sans la nature, nous ne serions pas là e
même le plus petit des insectes peut nous apprendre
sur la vie.

Les sols sont aussi vivants. Depuis ces 50 dernières
années, nous traitons les sols comme un matériel qu
nous apporte notre alimentation ou nous porte.
Pourtant, il y a beaucoup d'entités organiques dans
les sols. Dans les sols agricoles, si nous prenons une
poignée de terre, il y a entre 5 à 7 milliards
d'organismes. On peut compter 75 milles espèces su
les sols. Sous nos pieds, il y a plus de vie que le
nombre d'êtres humains apparus sur cette planète.

C'est beaucoup de vie. Faut-il rappeler que sans les micro-organismes nous ne serions pas vivants? Aujourd'hui, on traite les sols comme des amas de substances chimiques depuis l'époque où l'on a agrandi les champs et qu'on a voulu en faire du bénéfice. Sur les sols agricoles, on y jette de l'azote ou autres produits chimiques pour que ça pousse plus vite et en meilleure santé. Pourtant sommes nous en meilleure santé qu'avant? Je ne pense pas. Les plus grands médecins du monde ont prouvé que la plupart de nos maladies physiques et psychologiques sont liées aux produits que l'on met dans les sols. Le virus du Covid 19 nous montre bien que nous sommes tous vulnérables. Nous sommes directement liés à l'état des sols puisque c'est de là que vient la plupart de notre nourriture. Il faut avoir un plus grand respect de cela car ce sont les sols qui nous maintiennent en vie. C'est notre source vivante. Un jour ou l'autre, nous retournerons au sol et les enrichirons de notre corps.

Les arbres, les plantes, les insectes et les animaux nous parlent. Si il faut que quelqu'un nous hurle dessus pour qu'on écoute c'est que nous n'écoutons pas mais entendons. Être à l'écoute, c'est prendre le temps de laisser la vie parler et entrer dans notre cerveau sinon nous ne faisons que d'entendre et nou prêtons attention à rien. La Terre parle et il faut beaucoup de sensibilité pour l'écouter. Allez dans la forêt ou dormez en pleine nature: vous allez vite vou rendre compte que les insectes jouent leur propre musique comme un orchestre humain. Quand j'ai dormi une nuit à la lisière d'une forêt, je me suis rendue compte qu'ils respectaient un vrai tempo ave un timing parfait. Cela tous les jours et quand un groupe d'insectes termine, un autre reprend. C'est merveilleux. Alors même si nous ne sommes pas en mesure de comprendre le langage des insectes, nous savons qu'ils communiquent. La nature est bien plus grande que tout ce que l'humain peut réaliser. C'est bien plus complexe et bien plus intense que n'importe quelle relation entre espèces humaines. Dans notre monde, il y a que les cultures tribales et américaines qui écoutent la Terre avec beaucoup de sensibilité. Pourtant, elle nous parle à tous.

Je venais de me lever et déjà sous mes pieds l'herbe était chaude. Jour de canicule, on rentrera au frais aujourd'hui. Le roi des scarabés chante aux herbes mourantes sous la chaleur et je murmure de vieux sorts aux grillons. Les cigales chantent de plus en plus fort alors moi aussi. J'avance vers l'arbre imposant près du champ. Je pose ma main sur le tronc. Un vieil arbre. Un grand-père. Je me sens renaître et c'est ce que j'écris à la fin de mon recueil. Je suis en paix avec moi-même et j'ai laissé les illusions de côté. Cette peau dorée est ma maison. Les jugements des autres sont devenus de vieux souvenirs de l'endroit où j'étais. Je pense devant l'arbre : "Qu'est-il arrivé à nos coeurs? Où sont les âmes purent qui rêvent avec les arbres?" Je sais qu'un jour, j'irais vivre auprès d'eux. Je retournerai près de la nature parce que c'est elle qui m'a guéri. La ville est un cimetière que nous avons construit pour nous séparer. Personne ne voit les fleurs poussées dans les fissures du goudron. Mon quotidien est fait de personnes qui font semblant. Ils font semblant d'aimer alors qu'ils vivent dans la rancune. Mon quotidien me disait qu'il fallait que je rentre dans une case mais les esprits libres ne sont pas à modeler. Les âmes sensibles ont de la place dans leur coeur pour plus qu'un univers. J'appartiens aux arbres, aux pierres, aux soucis du vent et à la danse des nuages. Je continuerai d'enfoncer mes doigts dans la terre, cultiver et m'élever debout comme un arbre.

Gratitude à la Terre

La Terre m'a porté ce matin en me levant
J'ai de l'eau claire
J'ai accès à de la nourriture
Je peux respirer l'air
Je peux nettoyer mes vêtements à l'eau
Je peux prendre une douche
Je peux sentir l'herbe sous mes pieds
Je peux regarder le soleil
Je vis ma propre expérience sur cette planète

**C'est assez de raisons pour lesquelles je devrais
être reconnaissant**

Detruis le patriarcat
Pas la planète

Élevé.e.s par
une abeille

troisième œil

CHAPITRE 7

Se connecter à notre nature

- Être instinctif

Il faut avoir le courage de vivre nos convictions. Il n'est pas essentiel de vivre une vie en attendant l'approbation des autres. Il faut savoir être sûr de so de ses compétences et de ses idées pour aller de l'avant. Pour comprendre quelles sont nos convictions, nous pouvons réfléchir à ce qui nous fa vibrer, nous épuise et les raisons pour lesquelles nou avons envie de nous battre. Il faut aussi prendre conscience du monde et des autres. L'important est d'être dans ce monde à notre façon. Au lieu de se demander : "Qu'est ce qu'ils pensent de moi" demandons nous plutôt : "Qu'est ce que je pense de moi-même?" ou au lieu de dire "J'attend ça d'autrui" se dire "J'attend ça de moi". Apprendre à dire non à ce qui nous dévalorise ou qui n'est pas en accord avec nos valeurs ou à notre vie actuelle.

Se faire confiance est une première démarche pour vivre nos convictions. Pour le réchauffement climatique, nous devons arrêter d'attendre un changement qui viennent de l'extérieur comme un instance supérieure mais plutôt de faire chaque jour un petit geste.

Quand on a assez d'estime de soi, il n'est plus nécessaire de donner des réponses pour satisfaire autrui, nous faisons que suivre notre propre chemin.

- Être dans la nature

Quand on augmente notre temps dans la nature, on devient des humains plus sensibles. Les personnes ayant un lien fort avec le milieu naturel sont aptes à plus accepter le monde en comprenant que tout est différent mais égal. Ce sont également des personne plus sensées des limites de la vie et de l'extérieur. Il est donc important que nous élevions nos enfants proches de la nature pour qu'ils développent des compétences humaines pour leur avenir sur terre et avec les autres.

Dans la nature, ce qui vous êtes n'importe peu. Que vous ayez telle profession, telle somme d'argent, si o vous met seul dans la nature : ce sera votre instinct d survie qui primera. La nature s'en fiche du métier qu font vos parents, si vous avez de l'importance dans l société ou non et ce que vous faites de vos journées. La nature comme la vie vous demande juste d'être ic pleinement. Grâce à la nature, on enlève ses propres illusions. Quand vous regardez un arbre, vous ne l'imaginez pas autrement, vous faites que de l'observer et vous l'acceptez tel qu'il est. Pourquoi ne le faisons-nous pas avec nous même ou avec les autres ? Quand vous marchez dans la nature, si vous arrivez en bas d'une très haute pente, vous ne pouvez pas faire demi- tour, vous l'affronter. Pourquoi ce n'est pas pareil avec les défis de la vie? Quand vous partez plusieurs jours dans la nature, vous devez prévoir tout ce qui est essentiel pour vous et pour votre survie. Alors pourquoi ne sommes-nous pas apte à porter dans la vie ce qui est bon pour notre croissance et notre bien être ?

Nous sommes remplies d'illusions dans nos vies citadines que nous oublions notre propre nature. Seule la maladie ou la mort peuvent être des défis pour réfléchir à ce que nous voulons vraiment, ce que nous sommes et le poids de notre vie. Nous devons être attentifs à tout ce qui fait vibrer la vie. Nous n'avons pas à attendre que les poules aient des dents pour cela.

Troisième œil

être dans sa bulle

troisième œil

CONCLUSION

Pour conclure ce livre, j'espère qu'il vous a apporté des clés pour que vous ayez une vie plus responsable et apaisée. Encore une fois, ce livre n'a pas pour but d'être un mode d'emploi de développement personnel.

Le processus pour apprendre à se connaître peut être plus ou moins long ou plus ou moins difficile selon les personnes. Mais la vie nous demande d'être ici comme être humain. D'être simplement ici. Il faut aller guérir ce qu'il y a à guérir et chercher plus loin que le bout de son nez. Il n'y a pas besoin de longs discours ou de modes d'emploi. Il faut juste être là et vibrer. C'est quand l'on se sent bête parce que l'on croit ne rien savoir que l'on peut tout apprendre. Celui qui sait tout, n'apprend pas. Quelqu'un d'autre peut penser que ceux qui ne savent rien sont inutiles mais ils ont une vraie grandeur d'âme car tout est à leur portée. La nature est notre maître qui nous montre le chemin.

La richesse est en nous et tous nos regards se tournent vers l'extérieur. Il faut détourner ce regard et avoir un autre mode d'intelligence : celle qui touche l'émotionnel. Ainsi peut-être que nous ferons une meilleure expérience de notre vie mais aussi de toutes les dimensions de celle- ci.

Je vous souhaite l'éveil

Je vous souhaite de ne pas être que l'humain qui se convient de nourriture et sommeil

Je vous souhaite de connaître l'action

Je vous souhaite de vous émanciper des drogues et des addictions

Je vous souhaite de regarder attentivement

Je vous souhaite de continuer à vous battre pour votre vie

Je vous souhaite d'avoir des moments de vie doux et amers

Je vous souhaite de ne plus vous contenter de petis morceaux

Je vous souhaite d'être complet

Je vous souhaite de connaître

Je vous souhaite de ne rien savoir

Je vous souhaite d'écouter vos cinq sens

Je vous souhaite d'écouter votre corps

Je vous souhaite de longues balades en nature

Je vous souhaite des remises en question

Je vous souhaite une coccinelle sur votre doigt

Je vous souhaite des couleurs

Je vous souhaite d'être heureux

Je vous souhaite la joie

Je vous souhaite d'être

De ne plus croire en ce qui n'est pas

L'Univers continuera sans nous et les villes deviendront des forêts

Sous la pluie, des milliers d'animaux

Dans le ciel, des nuées d'oiseaux

L'Univers continuera sans nous et les villes deviendront des forêts

Sous la terre, des églises et des tours

Des mystères, souvenirs de nous

Sur quoi danseront nos enfants ? (Je ne sais plus)

Quand nous serons d'un autre temps (d'un temps perdu)

A quoi ressembleront les rues (Ne t'en fais pas)

L'Univers continuera sans nous et les villes deviendront des forêts

Sous la pluie, des milliers d'animaux

Dans le ciel, des nuées d'oiseaux

Et les villes deviendront des forêts

Sous la terre, des églises et des tours

Des mystères, souvenirs de nous

Catastrophe - Solstagie

TABLE DES MATIÈRES

BIBLIOGRAPHIE

Articles

- " Au coeur du cerveau féminin, Nouvel éclairage" Happinez, *Célébrer la vie*, page 48
- "Attraper le soleil" discours de Sadhguru durant le
- *Mieux vivre, surmonter ses peur et sortir de sa zone de confort*, Open Mind, page 48
- "Le pouvoir du pardon de soi" , Happinez , *Prendre soin*, page 26
- "réconfort, espoir et croissance personnelle", Happinez, *Prendre soin,* page 80
- "Être nous même, et là sera la seule façon de briller", Happinez, *Prendre soin* , page 88
- "Vivre c'est changer. Plus vous l'acceptez, plus vous serez heureux" , Happinez, *Aimer*, page 24
- "On ne peut guérir ce que l'on n'a pas ressenti" interview d'Edith Eger, Happinez, *Célébrer la vie,* page 73
- "Ecouter votre corps / relier corps et esprit", Happinez, *Femmes Sacrées* , page 114
- "Etre à sa place : être présent, dans l'instant" , Happinez, *Réconcilier ,* page 46
- "Conseils pour une alimentation saine, que faut-il manger, quand et de quelle façon": Sadghuru, Isha Fundation https://isha.sadhguru.org/global/fr/wisdom/article/conseils-pour-une-alimentation-saine-que-faut-il-manger-quand-et-de-quelle-facon#point3
- Sadghuru, Isha Fundation : https://isha.sadhguru.org/global/fr/wisdom/article/les-avantages-de-l-alimentation-vegetale
- "Vivre ensemble nos désirs", Happinez, *Célébrer la vie,* page 70

- "Le courage de nos convictions", Respire, page 20
- "Nous avons le pouvoir de contaminer notre prochain de manière positive" , Happinez, *Célébrer la vie,* page 88
- Qu'est-ce que la réalisation de soi?" Sadghuru, Isha Foundation
- "Vous vous sentez frustré par la vie? Rappelez vous la joie d'être vivant" Sadghuru, Isha Foundation

Livres

- Jean Henri Fabre, *Portraits d'insectes*
- Stéphane Foucart, *Et le monde devint silencieux* - Commen l'agrochimie a détruit le monde des insectes (éd. Le Seuil)

Thèses

- Audrey Louyer, Arbre, passages, constellation : Approches l'expression fantastique au Pérou (thèse universitaire)
- Charles Scheel, Réalisme magique et réalisme merveilleux (thèse universitaire)

Vidéos

- "Comment accéder aux dimensions supérieures de la vie?" Sadhguru, Youtube
- "Quelle est la solution pour lutter contre la colère dans le monde?" Sadhguru, Youtube
- "Pourquoi est-il important de savoir bien s'entourer dans la vie? Sadhguru, Youtube
- "Notre environnement, c'est notre vie" Sadhguru, Youtube

- "Ces écosystèmes oubliés qu'on peut encore sauver" Greenpeace - série *Greenwatching*
- "Sauvons le sol : notre propre corps- Conscious Planet" Sadhguru, Youtube
- "Les sols sont-ils vraiment vivants?" Sadhguru, Youtube
- "Total : l'influence mise à mal" Greenpeace France, Youtube
- "El magnesio savara tu vida!" 9 beneficios para tu salud" Dr Carlos Jaramillo

Conférences

- "Conférence SAVE SOIL : l'initiative de Sadhguru" Idriss J. Aberkane
- "Conférence environnement et humanité.s" Université de la Polynésie Française
- "Les super pouvoirs des insectes" François Lasserre
- "Sensibilité, conscience, sentience animalières : nuances sémantiques" Astrid Guillaume
- "La fourmi, intelligente, même seule" Cité des sciences et de l'industrie